热烈庆祝中国大运河获准成为世界文化遗产十周年

本书是江苏省教育科学"十四五"规划课题"解构、再认及重塑：工匠精神在高职院校艺术设计教育中的认知与实践研究"（项目编号：D/2021/03/46 ）、2023 年度高校哲学社会科学研究一般项目"从'体验'到'沉浸'：职普融通视域下高职院校中小学职业体验中心建设研究"（项目编号：2023SJYB1339）、常州工程职业技术学院网络教学名师培育对象项目（项目代码：30451410124004）阶段性成果。

大运河畔：传统建筑手绘（江苏卷）

陈国锋 著

中国商务出版社
CHINA COMMERCE AND TRADE PRESS

· 北京 ·

大运河，一条流动的长卷史诗。

运河畔，一带优秀的传统建筑。

亲手绘，一册家乡的文化美图，

共传承，千年运河的中国书香。

街巷里感受建筑肌理 ，纸笔中传承运河文化。

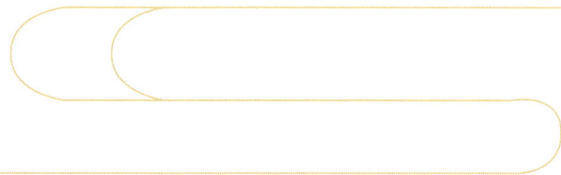

徐州

宿迁

淮安

扬州

镇江

常州

无锡

苏州

大运河畔

前言

　　运河，乃中华民族千年文明的见证，亦是华夏大地繁华盛景的缩影。自古以来，大运河便承载着无数的梦想与希望，串联起南北的繁华与富饶。而今，我有幸以手绘的方式，记录下这一历史长河中璀璨的明珠——大运河江苏段传统建筑风貌，实乃幸事。

　　运河之畔，建筑林立，或古朴典雅，或气势磅礴。它们不仅是人们生活的居所，更是历史的见证者，诉说着运河的沧桑与辉煌。这些建筑，或依水而建，或傍水而居，与运河相依相存，共同谱写着运河的传奇。

　　手绘大运河建筑，既是对历史的尊重，也是对文化的传承。每一笔、每一画，都凝聚着我对这片土地的热爱与敬意。我试图通过手中的画笔，将运河建筑的韵味与风情，一一呈现在纸上，让更多的人能够领略到它们的魅力。

　　在绘画过程中，我深入了解了大运河江苏段传统建筑的历史背景、文化内涵以及建筑风格。我走进古老的街巷，穿梭于青砖黛瓦之间，感受着那份古朴与宁静。我登上古老的城墙，俯瞰着运河的波涛汹涌，感受着那份壮阔与豪迈。我沉浸在这片古老的土地上，用心去感受、去体验、去领悟。

手绘大运河建筑，不仅是一次艺术的创作，更是一次心灵的洗礼。在绘制的过程中，我不断地思考着如何将这些建筑的特点与神韵表现出来，如何让它们在纸上焕发出新的生机与活力。我试图通过不同的线条、色彩和构图，来展现出运河建筑的多样性与独特性。

　　如今，这部手绘大运河建筑的作品即将问世。它或许无法完全呈现出大运河江苏段传统建筑的全部风貌，却是我对这片土地的一份深情厚意。我希望通过这部作品，能够让更多的人了解到运河建筑的魅力与价值，激发他们对传统文化的热爱与关注。

　　在未来的日子里，我将继续深入研究大运河的建筑历史与文化，用更多的笔触记录下这片土地的繁华与变迁。我相信，在我们的共同努力下，大运河的建筑文化将得到更好的传承与发扬，成为中华民族永恒的精神财富。

　　手绘大运河建筑，既是一次艺术的探索，也是一次文化的传承。让我们共同期待这部作品的问世，共同感受那份来自运河的深情与厚意。

陈国锋

2024 年 5 月

目录

徐州

第一章
大运河江苏段

大运河畔

"雄浑汉韵，运河豪情"

徐州 窑湾码头

徐州窑湾码头是一个历史悠久的码头，位于江苏省徐州市新沂市黄墩镇，地处黄墩湖东 150 米处。窑湾古镇的形成可上溯至春秋战国时期，而窑湾码头作为其重要组成部分，自唐武德元年（618 年）建置以来，已有 1400 多年的历史。历史上，窑湾码头曾是京杭大运河上的重要节点，也是苏北鲁南地区的商品集散地。水路运输的繁盛使得这里商贸云集，会馆、商铺、当铺等建筑众多，展现了明清时期的繁荣景象。时至今日，窑湾码头依然发挥着重要作用，不仅在大运河的运输、水利、抗旱排涝等方面发挥着关键作用，也吸引了众多游客前来游览，以感受其深厚的历史文化底蕴。

徐州 窑湾码头牌坊

徐州窑湾码头牌坊，矗立于黄墩古镇大运河畔，是窑湾古码头的标志性建筑。这座牌坊年代久远，由支柱、斗拱、飞檐等多种建筑构件构筑而成，显得雄伟壮观。牌楼傍河临街，见证了运河的繁华与历史的变迁。牌坊门楣上方镌刻着乾隆皇帝御书的"窑湾码头"四个鎏金大字，彰显着其非凡的历史地位。两边撰联"船中争日月，水上度春秋"，寓意着运河上繁忙的景象和船工们辛勤的劳动生活。

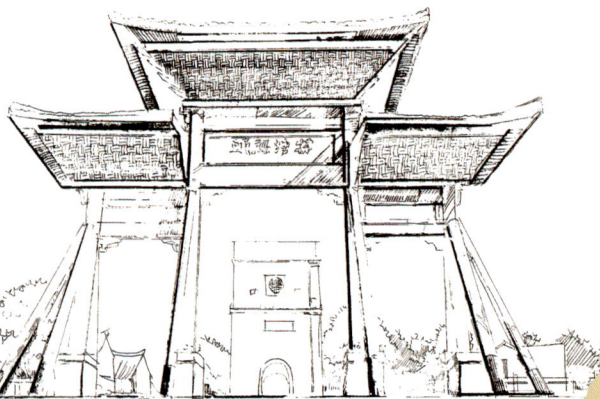

徐州 户部山戏马台

徐州户部山戏马台是历代文人寻古探幽的胜地，被誉为"徐州第一胜迹"。它因西楚霸王项羽在此秋风戏马而得名，是项羽辉煌时刻的见证。公元前206年，项羽自立为西楚霸王，定都彭城，并在南山顶构筑戏马台，以观戏马、演武和阅兵。戏马台布局依山岗地形，错落有致，现经整修，以巍巍壮观的面貌迎接海内外游客。台上建筑物如台头寺、三义庙等虽已湮没，但现存建筑仍散发着浓厚的历史气息。站在台上，仿佛能穿越时空，感受到当年项羽的英勇与豪情。戏马台不仅是历史的见证，更是文化的传承，让人在品味楚韵汉风的同时，传承历史文脉。

宿迁

第二章
大运河江苏段

大运河畔

"楚韵风华，大运宿迁"

宿迁 龙王庙行宫

宿迁龙王庙行宫，原名"敕建安澜龙王庙"，位于宿迁市皂河镇。它始建于清代顺治年间，占地 36 亩，为四院三进封闭式合院的北方官式建筑群，具有典型的清代北方宫式古建筑群特色。乾隆皇帝六次下江南，五次驻跸于此，因此又称"乾隆行宫"。龙王庙行宫主要建筑包括御碑亭、钟鼓楼、怡殿、古戏楼等，其中御碑亭更是景区的核心景观，彰显皇家的威严与庄重。每年农历正月初八至初十，这里都会举行盛大的皂河龙王庙庙会。人们纷纷前来参拜龙王，盛况空前。

宿迁 龙王庙御碑亭

宿迁龙王庙行宫的御碑亭，位于景区核心位置，是乾隆皇帝为其祖父康熙歌功颂德而建的纪念性建筑。该亭呈六角形，面积53平方米，朱红抱柱支撑着黄色琉璃瓦的伞状屋面，因其皇家气派，又被称为"皇伞"。亭内耸立着一块高达5米的御碑，碑身布满了乾隆皇帝的圣旨和诗文，字迹飘逸洒脱，端正秀气，国内极为罕见，文物价值极高。御碑亭不仅是建筑艺术的瑰宝，更是历史的见证，记录了康熙、雍正皇帝建庙的原由和经过，同时见证了乾隆皇帝五次下榻此处的历史瞬间。漫步于御碑亭中，仿佛能听到历史的回声，感受到那个时代的辉煌与荣耀。

宿迁 东关口

宿迁东关口历史文化公园位于江苏省宿迁市宿城区，原址是明清时期京杭运河宿关所在地，拥有深厚的历史文化底蕴。据《宿城镇志》记载，东关口因黄河水流急、不利漕运而设，后成为宿迁水路运输的主要码头和进出口货物的集散地，其繁荣时期，每日关税收入可达5万两纹银。公园以水为脉，重塑地域历史文化盛景，设有水门雄关区、石堤市集区、杨公怀古区、东关春晓区、柳岸叠翠五大特色景观区。其中，东关口城墙作为明清时期宿迁水运的入口，是公园的一大亮点。如今，宿迁东关口历史文化公园已成为市民休闲亲水的好去处，同时吸引着众多游客前来感受其深厚的历史文化氛围。

淮安

第三章
大运河江苏段

大运河畔

"南船北马，漕运之都"

淮安 河下古镇

淮安河下古镇，历史底蕴深厚，文化气息浓郁。这座古镇形成于春秋末期，距今已有约 2500 年历史，明清两代更是人才辈出，曾出过 67 名进士、123 名举人、12 名翰林，被誉为"三鼎甲齐全"之地。古镇内景点众多，湖嘴大街、吴承恩故居、吴鞠通中医馆等，每一处都承载着深厚的历史记忆。漫步古镇，仿佛穿越时空，回到了那个繁华的年代。此外，古镇的美食也令人垂涎，长鱼宴、汤包、茶馓等特色小吃，让人流连忘返。如今，这座古镇以其独特的魅力吸引着无数游客前来探访，以感受那份古老而深厚的文化底蕴。

淮安 镇淮楼

淮安镇淮楼，古称谯楼，位于江苏省淮安市淮安区城中心，是淮安古老文明的象征。这座建筑历经千年风雨，见证了淮安的历史变迁。镇淮楼原为军事瞭望之用，后因淮水水患肆虐，清代始名镇淮楼，寓意镇住淮水，保一方安宁。

镇淮楼造型古朴浑厚，通高 18.5 米，全楼为砖木结构，重檐九脊式楼顶，四角翘起的龙头，似有腾飞之势。楼内展示了一些文物，反映了当时人们的生活。无论是登高远眺，还是品味历史，淮安镇淮楼都是一处不可多得的文化遗产，值得每一位游客前来探访。

淮安 中国漕运博物馆 大运河畔

淮安中国漕运博物馆坐落于江苏省淮安市淮安区，紧邻漕运总督署遗址。博物馆以明清时期的建筑风格为主，总体布局呈"品"字形，充分展现了古代漕运的辉煌历史。馆内藏品丰富，包括古代漕运工具、漕运总督府内的生活用品，以及历任漕运官员的信函、书札等文物。

博物馆巧妙地结合了现代化高科技手段，通过180度巨幅投影卷轴和艺术沙盘模型，还原了漕运文化的历史原貌。游客还能在船型超级互动桌上与历史互动，体验漕运民俗的魅力。淮安中国漕运博物馆不仅是展示漕运文化的窗口，更是传承历史、弘扬文明的重要场所。

淮安 总督漕运部院

淮安总督漕运部院，是中国历史上唯一主管全国漕运的机构，坐落于淮安市城区中心，占地广阔，气势磅礴。其建筑布局严谨，保存完好，与镇淮楼、淮安府衙大堂等标志性建筑共同构成淮安城市的文化中轴线。这里见证了中国封建社会经济的兴衰变迁，被誉为华夏文明的奇迹之一。总督漕运部院的历史可以追溯到明朝永乐年间，它承担着漕粮的收缴、运送、检验以及漕船的修理、检查等重要职能。在历史上，这里曾汇聚众多杰出的政治家和军事家，他们致力于运河的开凿与治理，确保漕运畅通，为国家的繁荣稳定做出了巨大贡献。

如今，淮安总督漕运部院虽已失去昔日的辉煌，但其历史价值和文化意义仍不可忽视。它不仅是研究中国漕运历史和运河文化的重要场所，也是展示淮安城市历史文化的重要窗口。

淮安 清江浦楼

淮安清江浦楼，坐落于淮安市的运河南岸，是一座承载着深厚历史文化的古建筑。它始建于清雍正七年（1729 年），历经岁月沧桑，依旧屹立于运河之畔，见证了淮安的历史变迁。

清江浦楼为两层结构，青砖灰瓦，方形设计，尽显古朴典雅之风。楼内券门穿堂而过，门楣上镶嵌着石匾，镌刻着"清江浦"三个大字，彰显着其重要地位。这座楼不仅是淮安的地标性建筑，更是运河航标，南来北往的船只皆以之为方向标记。

如今，清江浦楼已被列为市级文物保护单位，成为淮安人民心中的骄傲。它不仅是历史的见证者，更是文化的传承者，吸引着无数游客前来参观，以感受那份古老而深沉的文化底蕴。

淮安 国师塔

淮安国师塔，巍峨耸立于清江浦区，是里运河文化长廊的地标性建筑。此塔是为纪念清代名僧玉琳国师而建，玉琳国师曾是顺治皇帝的老师，享有极高的声誉。国师塔设计精巧，九层八面，总高六十二米，寓意国师圆寂时的年龄。其建筑风格古朴典雅，琉璃瓦屋面、庙黄色外墙、朱红色斗拱与挑檐、汉白玉栏杆交相辉映，彰显出佛塔的绚丽与威严。每年，众多居士和香客慕名而来，在此修学、朝拜，使得国师塔不仅是一处宗教圣地，更是文化交流的重要场所。淮安国师塔不仅是历史的见证，更是淮安人民对佛教文化传承与敬仰的象征。

淮安 淮安府署

淮安府署，位于国家历史文化名城江苏省淮安市，是现存的古代府级官衙建筑，也是全国仅存的两座府署之一。它始建于南宋，历经元、明、清等朝代的修缮与扩建，规模宏大，保存完整。府署内房屋众多，布局严谨，中轴线对称，主体建筑包括大堂、二堂等，辅以东西厢房、库房等附属建筑。大堂体量为全国之最，气势宏大，威严壮观。淮安府署不仅具有重要的历史、艺术和科学价值，还是淮安历史地位的象征和见证。同时，它是一处充满魅力的旅游景点，让人们在欣赏古建筑之美的同时，感受到中国古代文化的博大精深。

扬州

第四章
大运河江苏段

大运河畔

"运河原点，文雅扬州"

扬州 个园

扬州个园，位于江苏省扬州市广陵区，是清代盐商宅邸的私家园林，以其独特的四季假山和遍植青竹而闻名。园内的四季假山，分别用笋石、湖石、黄石和宣石叠成，融造园法则与山水画理于一体，被誉为"国内孤例"。此外，个园的建筑群规模宏大，布局严谨，单体建筑体量宏敞，用料考究，是扬州盐商文化和民居文化的珍贵遗存。

个园不仅具有深厚的文化底蕴，还多次荣获殊荣，包括第三批"全国重点文物保护单位""首批国家重点公园"等称号。无论是品味园林艺术，还是感受历史文化，扬州个园都是不容错过的旅游胜地。

春自天重

扬州 东关街

扬州东关街，位于江苏省扬州市广陵区，是扬州城里最具代表性的历史老街。它东至古运河边，西至国庆路，全长1122米，不仅是扬州的水陆交通要道，更是昔日的商业、手工业和宗教文化中心。街区内保存着众多明清时期的古建筑，展现了浓郁的传统风貌。这里的老字号店铺琳琅满目，如四美酱园、谢馥春香粉店等，都是历史的见证。此外，东关街还是扬州手工业的集中地，前店后坊的连家店遍布全街。如今，东关街不仅是商业重地，更是扬州的旅游热点，吸引了无数游客前来领略其独特的魅力。漫步东关街，仿佛穿越时空，回到了那个繁华的古代扬州城。

扬州 五亭桥

扬州五亭桥，又称莲花桥，是中国江苏省扬州市的地标性建筑。它坐落于瘦西湖之上，以其独特的建筑风格和深厚的历史底蕴闻名于世，被誉为"中国最美的桥"。

五亭桥始建于清乾隆二十二年（1757年），仿照北京北海的五龙亭和十七孔桥设计建造，展现了南北建筑风格的完美融合。桥身共有十五个桥洞，五座桥亭分列其上，桥亭秀美典雅，重檐下方上圆，黄瓦朱柱，白色栏杆，与石桥浑然一体。每座桥亭都拥有独特的名字，如涌瑞、浮翠、澄祥等，充满了诗意与韵味。

中秋之夜，站在五亭桥上，可欣赏到"面面清波涵月影，头头空洞过云桡"的绝妙佳境，体验古桥带来的宁静与美好。五亭桥不仅是扬州的骄傲，更是中国古代桥梁工程技术和艺术水平的杰出代表。

扬州 文昌阁

扬州文昌阁，是江苏省扬州市的标志性建筑，坐落于汶河路与文昌路交汇处。这座明代建筑，始建于万历十三年（1585年），是扬州府学建筑群的一部分，现为省级文物保护单位。文昌阁高约24米，三层三重檐，圆顶，上置葫芦顶，整体呈伞状，与北京天坛祈年殿风格相仿。阁身为八角三级砖木结构，底层四面有拱门与街道相通，内部布局精细，展示着文昌帝君的历史文化背景及扬州的文化发展历程。文昌阁不仅是建筑艺术的瑰宝，更是扬州历史文化的重要载体，吸引了无数游客前来观赏。它的存在，不仅见证了扬州的沧桑岁月，更彰显了这座城市的深厚文化底蕴。

扬州 四望亭

扬州四望亭，位于扬州市中心，是一座具有深厚历史底蕴的古建筑。它始建于南宋嘉定年间，或明嘉靖时，历经岁月沧桑，至今仍然保留着古老的风貌。四望亭以其精美的建筑和壮观的景致而著称，是扬州古典园林中的标志性建筑之一。

这座亭子有两层共四重，主体占地约 1500 平方米，整体建筑面积达 6000 多平方米。屋顶以青砖铺地，层层叠叠，展现了古代建筑的独特魅力。亭内设有楼梯，登梯而上，可推窗四眺，市区附近景色一览无余。此外，每层亭檐有八个飞角，共 24 个，每个飞角都挂有风铃，风吹铃响，声调悠扬，为这座古老的建筑增添了几分生动与灵性。

扬州 万福大桥

扬州万福大桥是扬州市区的一座重要桥梁，位于新万福路上，横跨风光旖旎的廖家沟。这座大桥不仅是扬州市首座双层自锚式悬索塔楼景观桥，更是国内乃至世界上首座双层自锚式悬索塔楼景观桥，其独特的设计将现代美与古典美完美融合。

万福大桥全长664米，主跨188米，桥宽22米，上层为机动车道，下层则供非机动车和行人通行，实现了人车分离的便利设计。大桥的总体风格为楼台亭阁，底座似"凯旋门"，上面还有城阁，展现出扬州建筑的文化底蕴。

此外，万福大桥是登高望远的好地方。从塔楼俯瞰，南面的长江和夹江、北面的邵伯湖和高邮湖的美景一览无余，让人流连忘返。这座大桥不仅是交通要道，更是扬州城市的新地标，为市民和游客提供了一个欣赏城市美景的绝佳去处。

扬州 大明寺

扬州大明寺，坐落于江苏省扬州市区西北郊，是一座历史悠久、文化底蕴深厚的佛教寺庙。初建于南朝宋孝武帝大明年间，因而得名。寺内建筑风格独特，融合传统佛教建筑与江南园林的精华。以大雄宝殿为中心，钟楼鼓楼相衬，园林水景相映成趣，营造出宁静幽雅的氛围。

大明寺不仅是佛教圣地，还是古代文人墨客的聚集地，李白、白居易等诗人都曾留下佳话。寺内更保存着众多珍贵文物和历史遗迹，如栖灵塔、平山堂等，见证了其深厚的历史底蕴。

如今的大明寺已成为集旅游、文化、宗教于一体的综合性景区，古老与现代在此交融，吸引着无数游客前来探访，以领略中国传统文化的独特魅力。

扬州 鉴真纪念堂

扬州鉴真纪念堂位于古大明寺内，是为了纪念唐代高僧鉴真而建的。这座纪念堂于1973年落成，由著名建筑学家梁思成先生参照鉴真在日本的主要遗物唐招提寺金堂设计，典雅古朴，充满了唐代的建筑艺术风格。

纪念堂前部是门厅，悬挂着醒目的匾额；中部是碑厅，内立有横式纪念碑；后部则是殿堂，按唐代寺庙殿堂的风格建造。殿堂内正中摆放着鉴真的楠木雕像，神态安详而坚毅，仿佛仍在向人们传授佛法。两侧壁上绘有鉴真东渡事迹的饰布画，生动地展示了鉴真一生的经历。

镇江

"江河汇聚，津渡文化"

镇江 定慧寺

镇江定慧寺，一座历史悠久、文化底蕴深厚的古刹，始建于东汉兴平年间，至今已有1800多年的历史。它原名普济寺，历经多次更名，最终在清代康熙年间定名为定慧寺，沿用至今。

定慧寺规模宏大，建筑风格独特，展现了古代寺庙的精湛技艺。寺内佛像庄严，经书丰富，是佛教信徒朝拜的圣地。其周围环境幽静，古木参天，为游客提供了一个远离城市喧嚣、寻求心灵宁静的佳所。

定慧寺还是书法艺术的宝库，尤其是焦山碑林，汇聚了众多珍贵的碑刻和摩崖石刻，被誉为江南第一大碑林。这些碑刻风格各异，字迹隽美，是书法爱好者向往之地。

镇江 金山寺

镇江金山寺，位于江苏省镇江市润州区，历史悠久，始建于东晋时期，历经多次更名，最终定名为金山寺。它是中国佛教禅宗的名寺之一，与普陀寺、文殊寺、大明寺并列为中国的四大名寺。金山寺的建筑风格独特，打破了传统寺庙坐北朝南的布局，依山就势，大门西开，正对江流，形成了"寺裹山"的奇特风格。

镇江金山寺内殿堂楼阁众多，大雄宝殿、天王殿、观音殿等建筑雄伟壮观，尤其大雄宝殿内的释迦牟尼佛像，庄严肃穆，令人心生敬畏。此外，金山寺承载着丰富的文化内涵，民间传说《白蛇传》中的金山寺即指此，使得这座古老的寺庙更加为人们所熟知和敬仰。

镇江 金山寺慈寿塔

镇江金山寺慈寿塔，是一座历史悠久的佛塔，位于镇江金山的西北峰，高达数十米，是镇江的重要标志之一。

此塔始建于唐代，历经多次修葺，现存的慈寿塔是清光绪年间重建的。塔身呈八角七层，为典型的楼阁式建筑，砖木结构，玲珑剔透，秀丽挺拔。塔内设有旋式木梯，游人可登塔而上，凭栏远眺，江天市廛，尽收眼底。

慈寿塔不仅是一处重要的文化遗产，更是一处绝佳的观景地点。登塔远眺，游客可以俯瞰整个镇江城的美景，感受山水之间的和谐与宁静。

镇江 云台阁

镇江云台阁，坐落于风景秀丽的云台山北峰之巅，是镇江西津渡景区的璀璨明珠。这座仿古建筑风格的楼阁，展现了宋元时期的古建特征，斗拱檐棋、雕梁画栋，充满了古典韵味。它不仅是镇江市古建筑历史上体量最大的建筑，更是西津渡的核心景区之一。

漫步于云台阁，仿佛穿越回到了那个繁华的盛世。阁内陈设典雅，微缩模型、掐丝珐琅画等艺术品令人目不暇接。站在阁顶，北湖、长江的壮丽景色尽收眼底，让人心旷神怡。

作为镇江的地标性建筑，云台阁不仅展示了山水历史文化，更承载了深厚的历史底蕴。无论是探寻古迹，还是欣赏美景，云台阁都是不可多得的好去处。

镇江 北固山

镇江的北固山，是京口三山名胜之一，横卧于长江之滨，山势险峻，风景秀丽。自古以来，北固山便是文人墨客争相吟咏之地。远望北固，石壁嵯峨，山势险固，故而得名。

北固山因三国故事而名扬四海，甘露寺便位于山巅，传说是刘备招亲之地。漫步山间，亭台楼阁、山石涧道，处处弥漫着三国时期的历史气息。游人至此，无不以刘备招亲的故事为线索，探寻那些尘封已久的胜迹与传说。

登上北固山，俯瞰长江滚滚东流，心中不禁涌起一股豪情壮志。正如辛弃疾所言："何处望神州，满眼风光北固楼。"北固山，不仅是一座风景秀丽的山，更是一段历史的见证、一处文化的瑰宝。

常州

第六章
大运河江苏段

大运河畔

"三吴之枢，舟车之会"

常州 青果巷

常州青果巷，旧称"千果巷"，是常州古老的街巷之一，始建于明朝万历年间，已有 400 多年的历史。这条街巷位于常州市老城区中部偏南地段，依运河而建，长约 400 米，南北宽约 200 米，是国家批复的历史文化街区。青果巷有着"江南名士第一巷"的美誉，这里走出了众多科举才俊和近现代名人，是常州文脉的重要发源地。

走在青果巷的街道上，白墙黛瓦的古建筑映入眼帘，纵横交错的小巷中隐藏着许多名宅故居、宗祠殿宇。这些明清时期的建筑，展现了江南传统民居的风貌，让人仿佛穿越到了古代。青果巷不仅是历史的见证，更是文化的传承，承载着常州浓郁的历史记忆和文化底蕴。

常州 进士牌坊

常州青果巷的进士牌坊，是历史的见证，文化的象征。这座牌坊矗立于古巷之中，仿佛在诉说着这片土地上曾经的辉煌。

进士牌坊是为了彰显青果巷历代进士的荣耀而设立的。在漫长的科举考试历史中，常州涌现出了众多的进士，其中不乏状元、榜眼等佼佼者。进士牌坊正是对这些杰出人才的崇高致敬。

牌坊的设计古朴典雅，充满了江南水乡的特色。其上的雕刻精细入微，展现了中国传统工艺的精湛技艺。站在牌坊下，仿佛能听到历史的回声，感受到那份对知识的尊重和追求。

常州 南市河沿岸建筑

常州南市河，位于春秋运河西段，是一条历史悠久的河道，拥有 2500 多年的文化底蕴。该河道自西向东，穿越城市核心地带，是常州市区的重要水上交通要道。南市河曾是常州最繁华的区域之一，沿岸多设码头，船只往来频繁，为常州的经济发展做出了重要贡献。

南市河两岸风景秀丽，沿岸建筑古朴典雅，体现了江南水乡的独特韵味。河道上的纤道，见证了古代水上交通的繁荣，也为研究桥梁建筑史提供了宝贵资料。如今，南市河历史文化街区经过修缮整治，保留了大量的历史文化遗存，成为市民和游客体验常州历史文化的好去处。漫步南市河边，仿佛能听到轻清柔美的吴侬软语，感受古运河畔的热闹与繁荣。

常州 文亨桥

常州文亨桥是一座历史悠久的石拱桥，位于常州老西门（即朝京门）外京杭大运河上，造型挺拔雄杰，是常州石拱古桥中最高和最长的一座桥梁。它始建于明代嘉靖二十七年（1548年），比西仓桥晚建30余年，因此民间俗称"新桥"。桥高近10米，全长约50米，三个弧拱形桥洞蚋入水面形成三个大圆环，造型奇特。桥面上嵌有浮雕莲纹正方巨石，两侧桥额刻有楷书"武进县文亨桥"六字，桥栏板和望柱上刻有精美的云纹装饰。文亨桥曾是城隅附近的交通要道，明清时代热闹非凡，挑梁宫灯彻夜不息。这座古桥见证了常州的历史变迁，承载着深厚的文化底蕴。

常州 东坡公园 大运河畔

常州东坡公园，位于常州市天宁区，是一座集历史文化、名人古迹与休闲放松于一体的古典园林。公园三面环水，占地面积约 4.3 公顷，园内古迹众多，其中最著名的当属舣舟亭，这是为纪念宋代大文豪苏东坡而建。园内还有洗砚池、龙亭、御碑亭等众多景点，每一处都散发着深厚的文化底蕴。

公园内的绿化布局也十分讲究，游客漫步其中，仿佛时光倒流，一派古典韵味。无论是春日的繁花似锦，还是秋日的层林尽染，东坡公园都是市民休闲娱乐的好去处。此外，公园毗邻古运河。游客可在此欣赏到运河的迷人景色，以感受江南水乡的独特魅力。

常州 舣舟亭

常州舣舟亭，位于延陵东路南侧京杭大运河畔的东坡公园内，是一处融历史与自然风光于一体的江南园林名胜。它始建于南宋，为纪念北宋文豪苏东坡多次泊舟于此而建。舣舟亭三面环水，临运河而立，布局精巧，亭榭相映成趣。亭内砖雕木雕精美绝伦，亭顶二龙戏珠图案栩栩如生，彰显着古雅精致的艺术魅力。此外，亭旁还有洗砚池、抱月堂等景点，曲廊流水，林木葱茏，构成了一幅幅美丽的画卷。舣舟亭不仅是常州市的市级文物保护单位，更是人们缅怀历史、欣赏美景的好去处，吸引着无数游客前来游览。

常州 天宁禅寺

常州天宁禅寺，始建于唐贞观、永徽年间，距今已有1300多年的历史，是常州现存规模最大、保存最完整的千年古刹。它不仅是全国重点保护寺院，还是江苏省文物保护单位，享有"东南第一丛林"的美誉。天宁禅寺以其巍峨壮观的殿宇、庄严高大的佛像、历代名僧辈出以及闻名遐迩的法会而著称。

寺内还保存着众多古代碑刻和文献资料，如《天宁禅寺志》等，这些珍贵的文化遗产展示了天宁禅寺深厚的历史底蕴和独特的佛教文化。天宁禅寺不仅是一座静谧的佛教寺庙，更是一座充满文化活力的胜地，为游客提供了独特的文化氛围。

常州 毗陵驿

毗陵驿，位于常州市老西门古运河北岸的篦箕巷内，是常州历史上著名的驿站之一。它始建于明朝正德十四年（1519年），专供传递公文的差役和官员在途经本地时停船休息或换马住宿。毗陵驿在古时十分繁忙，对贡品运输和地区间的文化交流起到了重要作用。

在清代乾隆年间，毗陵驿还被称为皇华馆，乾隆皇帝南巡时曾数次在此登岸进城。如今，虽然驿站的功能已经消失，但毗陵驿的遗址仍保留着皇华亭和石碑，成为常州市重要的历史文化遗产。

毗陵驿不仅见证了常州历史的变迁，也承载着深厚的文化底蕴。它不仅是常州古运河畔的一道亮丽风景，更是传承和弘扬运河文化的重要载体。

常州 运河五号

常州运河五号，位于常州市钟楼区三堡街，依傍京杭大运河，是常州历史文化与现代创意完美融合的典范。这里曾是工业遗存的代表，如今转型为创意街区，围绕运河文化、工业遗存、创意产业三大主题，焕发新生。街区内保留了原有的老街、老巷、老厂，提炼出"创意、记忆、工艺"的内涵，吸引了众多设计类创意人才和企业。

游客在此可领略到独特的工业建筑风格，感受到浓厚的文化氛围。同时，街区内的艺术展览、美学手作、创意市集等活动丰富多彩，为游客提供了丰富的文化体验。作为常州市实施"中部提升"战略的重要节点，运河五号已成为当地的文化地标，吸引了无数游客前来探访。

常州 运河五号码头

常州运河五号码头，位于风景秀丽的京杭大运河南岸，是常州运河五号创意街区的重要组成部分。这里曾是工业文明的繁华之地，如今已转型为文化与艺术的聚集地，是触摸历史、寻找乡愁的精神家园。

五号码头保留了丰富的工业遗存和文化遗迹，见证了常州近现代工业的兴衰历程。漫步在街区，斑驳的老墙、高大的空间、灵动的线条，都承载着深厚的历史底蕴，为创意人提供无尽的灵感。

这里既有历史的厚重感，又有现代的时尚气息，是常州不可错过的文化旅游景点。

常州 中山纪念堂

常州中山纪念堂，坐落于常州市大庙弄，是一座庄重而宏伟的宫殿式建筑。该纪念堂始建于1933年，旨在纪念伟大的革命先行者孙中山先生，其原址为府城隍庙。纪念堂采用青砖筒瓦，重檐歇山顶，面阔三间，宽19.7米，进深19.2米，展现出中国传统建筑的独特魅力。

自建成以来，常州中山纪念堂承载了丰富的历史记忆。1934年元旦，现代著名戏剧家洪深曾率复旦剧社在此演出，庆祝纪念堂落成。如今，它不仅是市级文物保护单位，更是常州市民缅怀孙中山先生、传承革命精神的重要场所。

常州中山纪念堂以其深厚的历史底蕴和独特的建筑风格，成为常州市不可或缺的文化地标。

无锡

第七章
大运河江苏段

大运河畔

"江南米乡，工商强市"

无锡 寄畅园

无锡寄畅园，又称凤谷行窝、凤谷山庄、秦园，位于江苏省无锡市梁溪区惠山古镇景区文物古迹区内。这座园林始建于明正德十五年（1520年），兴盛于明万历至清康乾年间，是江南地区山麓别墅式古典园林的杰出代表，与瞻园、留园、拙政园并称为江南四大名园。园内主要由门厅、法帖碑廊、秉礼堂、庭院等建筑景观组成，园景布局以山池为中心，通过垒石、引泉、理水、借景的手法，展现出景深丰富、情致生动的美景。园内景观命名富有深厚的文化内涵，体现了园主对隐逸生活的向往。1988年，寄畅园被国务院公布为第三批全国重点文物保护单位。

无锡 南禅寺

无锡南禅寺，坐落于江苏省无锡市梁溪区，地处无锡老城南隅，古运河畔，是江南著名的佛教古寺。该寺始建于南梁太清元年（547年），初名护国寺，后历经多次修葺与更名，最终定名为南禅寺，素有"江南最胜丛林"之美誉。

南禅寺占地面积广阔，主要建筑包括天王殿、大雄宝殿和妙光塔等，展现出明清江南地区佛寺建筑的独特风格。寺内飞檐灵动，屋顶举折较陡，瓦作细节丰富，体现了中国古代建筑的魅力。此外，南禅寺还藏有大量的佛教经典和文物，是研究佛教历史文化的宝贵资料。

如今，南禅寺不仅是信众朝拜的圣地，也是游客感受中华传统文化的重要场所。寺庙定期举办各种佛教文化活动，吸引了众多人前来参加，为无锡的文化繁荣做出了积极贡献。

无锡 南禅寺 妙光塔

无锡南禅寺妙光塔，是南禅寺内的标志性建筑。此塔始建于北宋雍熙年间，历史悠久，见证了无锡的千年变迁。妙光塔为楼阁式砖塔，八面七层，高 43.3 米，造型独特，翘角飞檐，每角悬风铃，风吹铃响，别有一番韵味。塔内每层都有佛龛和走廊，供奉着佛像和诸天神像，体现了深厚的佛教文化底蕴。妙光塔不仅是无锡的文化象征，也是佛教文化的重要载体，每年都吸引着大量游客前来参观朝拜。此外，南禅寺建筑结构独特，与妙光塔相映成趣，共同构成了无锡的一道亮丽风景线。

无锡 运河古邑牌坊

无锡南长街的运河古邑牌坊，是南长街入口处的显著标志，见证了这条古街深厚的历史与文化底蕴。这座牌坊矗立于古运河畔，仿佛在向人们诉说着古驿道的辉煌往昔。

牌坊采用传统的建筑风格，古朴典雅，与周围的古街风貌相得益彰。穿过牌坊，仿佛穿越时空，步入了一个充满历史韵味的江南水乡。青石路蜿蜒向前，两旁的木结构建筑保留着明清时期的风格，粉墙黛瓦，古朴清幽。

运河古邑牌坊不仅是南长街的标志性建筑，更是无锡古运河文化的重要载体，吸引着无数游客前来探访。

无锡 南长街

无锡南长街，这条温婉绵长的古街，坐落于江苏省无锡市梁溪区的繁华中心地段。它承载着丰富的历史文化底蕴，是无锡的一颗璀璨明珠。

南长街全长约 5.5 公里，北起跨塘桥，南至水仙庙，以古运河为中轴，以清名桥为核心，展现出独特的江南水乡风貌。街区内粉墙黛瓦、花格木窗，处处流露着古朴典雅的气息。漫步其间，仿佛穿越回到古代，感受着那份宁静与美好。

南长街不仅是观光游览的好去处，更是品味无锡地道美食的绝佳之地。两侧的杂货店铺琳琅满目，美食小吃应有尽有，让人流连忘返。在这里，你可以尽情享受购物的乐趣，品尝地道的美食，感受无锡的独特魅力。

无锡 南禅寺码头

无锡南禅寺码头，位于风景如画的古运河畔，是游客探访南禅寺及古运河美景的重要起点。在这里，游客可以乘坐游船，悠然欣赏沿途的江南水乡风情。南禅寺码头附近的老房子被改造成了充满历史韵味的街区，被赞誉为"江南水弄堂，运河绝版地"。

从码头出发，游客可以近距离感受古运河的宁静与美丽，领略到无锡这座城市的独特魅力。南禅寺码头不仅是交通的枢纽，更是文化的交汇点，见证了无锡古运河的繁荣与变迁，承载着人们对美好生活的向往与追求。

无锡 清名桥

无锡清名桥，原名清宁桥，位于古运河与伯渎港的交汇处，是无锡古运河上最古老、规模最大、保留最完整的单孔石拱桥。桥身长43.2米，宽5.5米，高8.5米，桥孔跨度13.1米，全由花岗岩堆砌而成，造型匀称，稳固雄伟。

此桥始建于明万历年间，已有400多年历史，由无锡寄畅园主人秦耀之子秦太清、秦太宁捐资建造。清代康熙、乾隆、道光、同治年间，此桥经历了多次重建和重修。因避道光帝名讳，更名为清名桥。

1986年，清名桥被列为无锡市市级文物保护单位，2006年更是被确定为全国重点文物保护单位。它不仅是无锡古运河上的一道亮丽风景线，更是历史的见证者，诉说着运河两岸的沧桑巨变。

无锡 灵山大佛

无锡灵山大佛位于江苏省无锡市滨湖区马山镇，是中国五方五大佛之一，其规模宏大，通高88米，连同基座总高度达101.5米，是中国第二高的巨型佛像。大佛庄严美好，慈颜微笑，广视众生，右手为"施无畏印"，寓意解除众生痛苦；左手为"与愿印"，寓意保佑众生平安快乐。

灵山大佛的建筑特色显著，佛体由2000块铜壁板拼装焊接而成，展现了精湛的雕刻工艺。基座内部设有佛教文化展览馆，为游客提供了深入了解佛教文化的机会。此外，大佛的存在不仅丰富了人文景观，更促进了佛教文化的交流，成为无锡的标志性景点之一。

参观灵山大佛，不仅能够领略其宏伟壮观的气势，更能感受到佛教文化的深厚底蕴和人文关怀。

无锡 东林书院 大运河畔

无锡东林书院，位于江苏省无锡市梁溪区，是我国古代著名书院之一。它始建于北宋政和元年（1111年），由知名学者杨时所创，历经沧桑，屡经修葺。书院占地面积广阔，拥有石牌坊、泮池、东林精舍等众多建筑，展现着古朴典雅的风貌。

东林书院在明清时期声名远扬，不仅是学者讲学的圣地，更是议论国事、传播新思想的重要场所。书院倡导的"读书、讲学、爱国"精神，影响了无数士人。悬挂于书院内的名联"风声雨声读书声声声入耳，家事国事天下事事事关心"，更是深入人心，成为东林书院的精神象征。

无锡 长泾老街

无锡长泾老街，位于江阴长泾镇，是一条拥有深厚历史文化底蕴的千年古街。据传老街始建于明代，全长约1000米，是目前江阴市保存最长、最完整的石板街。老街两旁，明清江南民居特色鲜明，"青砖小瓦马头墙，四廊挂落花格窗"，让人仿佛穿越时空，回到了那个繁华的年代。

长泾老街不仅保存着众多古老的建筑，还蕴藏着丰富的文化遗产。街道两旁，上官云珠故居、张大烈故居等文物古迹星罗棋布，纺织纪念馆、蚕种场等也见证了老街曾经的辉煌。漫步在老街的石板路上，仿佛能听到历史的回声，感受到那份沧桑与古朴。

苏州

第八章
大运河江苏段

大运河畔

"婉转运河，胜地苏州"

苏州 拙政园

苏州拙政园，作为江南古典园林的瑰宝，其布局精致、景致深远，尽显中国传统园林的精髓。园内山水相映，建筑古朴，植物繁茂，构成了一幅幅美丽的画卷。拙政园分为东、中、西三部分，每部分都有其独特的景致和风格。中部是园林的精华所在，水池广阔，树木葱郁，建筑错落有致。而西部的水池则呈现出曲尺形，台馆分峙，水波倒影，别有趣味。整个拙政园环境虽由人做，但自然生态的野趣十分突出，体现了古代园林建筑的高超技艺。拙政园不仅是一处观赏美景的好去处，更是一部生动的中国古代园林艺术史，让人在其中可以领略到深厚的文化底蕴和艺术魅力。

苏州 网师园

大运河畔

苏州网师园，位于苏州市城区东南部，是一座典型的江南中小古典园林。其历史可追溯至南宋时期，初为藏书家史正志的"万卷堂"故址。后历经多次易主与修葺，至清乾隆年间，定名为"网师园"，取意于渔翁隐居江湖，蕴含浓郁的隐逸气息。

园内布局紧凑，建筑精巧，以水池为中心，亭台楼榭临水而建，山水布置与景点题名皆显隐逸之韵。园内主要建筑有丛桂轩、濯缨水阁等，各具特色。住宅部分四进，装饰雅致，与园林部分相互呼应，形成宅园合一的和谐整体。

网师园不仅体现了中国传统园林艺术的精髓，也承载了丰富的历史文化内涵。作为全国重点文物保护单位和世界文化遗产，吸引了无数游客前来欣赏其独特魅力。

苏州 虎丘塔

苏州虎丘塔，又称云岩寺塔，位于江苏省苏州市虎丘山上，是苏州城市的标志之一。该塔始建于五代后周显德六年（959年），落成于北宋建隆二年（961年），是宋塔中年代最早、规模宏大且结构精巧的实物。

塔身呈八角形，共七层，仿木构楼阁式砖塔，每层均施以腰檐平座，高47.5米。虎丘塔还是一座斜塔，由于塔基土厚薄不均，自明代起开始向西北倾斜，最大倾斜度达3度，但仍屹立不倒，被誉为"中国的比萨斜塔"。此外，虎丘塔内藏有大量珍贵文物，如唐末至五代吴越国时的佛经、佛像、瓷器等，是中华文明的重要瑰宝。

苏州 平江河

苏州平江河，历史悠久，是苏州古城的灵魂所在。自伍子胥建城起，平江河便成为苏州的主干水道，见证了城市的兴衰变迁。平江河纵贯南北，沿岸古迹众多，拙政园、狮子林等世界文化遗产均依河而建，彰显出江南水乡的韵味。

河上桥梁众多，每座桥都承载着厚重的历史与文化。古桥造型各异，有的古朴典雅，有的雄伟壮观，都是历史的见证者。漫步在平江河畔，仿佛能听到历史的回声，感受到古城的韵味。

此外，平江河是古代重要的漕运通道，曾将江南的丝绸、粮食等物资源源不断地输送到京都。如今，平江河虽已不再是繁忙的航道，但仍是苏州人民心中的母亲河，是游客感受苏州古城韵味的必游之地。

苏州 平江路

苏州平江路，位于苏州古城东北隅的姑苏区，是一条历史悠久的老街。这条沿河而建的小路，以其独特的江南水乡风貌和丰富的历史文化内涵吸引着无数游客。平江路历史街区是苏州古城保存最为完整的区域之一，保留着唐宋以来的城坊格局，古名"十泉里"，因路上有古井十口而得名。

漫步在平江路，你可以欣赏到粉墙黛瓦的古建筑、雕花门窗的精致工艺，感受到浓郁的江南水乡气息。此外，平江路以其丰富多样的传统手工艺品和苏式小吃而闻名，游客可以在这里购买到各种具有苏州特色的纪念品，品尝到正宗的苏式美食。

总之，苏州平江路是一条充满历史韵味和文化底蕴的老街，是体验苏州水乡风情和传统文化的绝佳去处。

苏州 平江路 青石桥

苏州平江路上的青石桥，是一座承载着深厚历史与文化底蕴的古桥。它位于平江路的中段，东接卫道观前巷，西接南石子街，横跨平江河，主要材质为大青石。青石桥旧称"众善桥""苏锦桥""苏军桥"，为单孔石拱桥，其历史可追溯至宋代，并在清代和民国多次重修。桥身虽经岁月洗礼，但仍保留着古朴的风貌。

值得一提的是，在清代中晚期，苏州两大望族"贵潘"和"富潘"曾栖居于青石桥的两侧，使得这座桥成为探寻苏州历史文化的重要窗口。如今，青石桥不仅是平江路的一道亮丽风景，更是苏州古城历史文化的重要见证。

苏州 寒山寺

苏州寒山寺，位于姑苏区，历史悠久，始建于南朝萧梁代天监年间，初名"妙利普明塔院"。唐代贞观年间，名僧寒山、希迁创建此寺，并因此得名。寒山寺占地面积约1.3万平方米，拥有众多古迹，如张继诗的石刻碑文、寒山与拾得的石刻像，以及文徵明、唐寅所书碑文残片等。

寒山寺属于禅宗中的临济宗，其建筑风格独特，尤以清代建筑为主，大雄宝殿、藏经楼、钟楼等均为代表。值得一提的是，寒山寺虽历经千年风雨，曾多次遭火毁，但每次都得以重建，展现出了其坚韧不拔的精神。如今，寒山寺不仅是游客探访历史文化的胜地，也是佛教信徒的朝圣地，每年都吸引着大量游客和信徒前来参观。

苏州 寒山寺普明塔院

苏州寒山寺普明塔院，承载着深厚的历史文化底蕴。该塔院始建于南朝，历经沧桑，几经修葺，如今仍屹立于寒山寺之东，占地约 3000 平方米。普明宝塔矗立于藏经楼后偏北位置，与大雄宝殿遥相呼应，塔身古朴典雅，彰显着大唐风范。塔院四周环绕着回廊，内壁刻有各式碑文，令人目不暇接。南墙东西两角，仿唐式角楼耸立，为塔院增添了几分古朴之美。在宝塔台座四角的草坪上，日本友人赠送的石灯笼静静伫立，状如小塔，为这片宁静之地增添了一抹异国情调。普明塔院不仅是寒山寺的重要景点，更是历史与文化的交汇点，吸引着无数游客前来瞻仰。

苏州 寒山寺普明塔

苏州寒山寺的普明塔，是寺庙的标志性建筑，历史悠久，文化底蕴深厚。此塔建于唐代，高约 49.3 米，共有 13 层，塔身呈八角形，由黄色琉璃砖砌筑而成，显得庄严肃穆。每层塔身都装饰有精美的佛像、花卉和龙凤图案，塔顶还设有精巧的宝塔和铜制莲花宝座，彰显出中国古代佛塔建筑的独特魅力。

普明塔不仅是建筑的艺术品，更是寒山寺的文化象征。塔内保存有完好的石刻佛像和壁画，壁画内容广泛，展示了佛教故事和佛陀的教诲，为信众和游客提供了深入了解佛教文化的机会。此外，塔内设有曲折的楼梯，供游客登塔参观，俯瞰寒山寺及周边的美丽风景。

《龙城常州》文创明信片

《龙城印记》系列文创产品

展览

2022年10月14日，"因运而生·文化浸润"献礼二十大·大运河江苏段传统建筑师生手绘作品展集中展示了20多名师生手绘大运河江苏段传统建筑80幅作品，展示作者作品50余幅。

2023年9月25日，首届"一带一路"职业教育新疆论坛文化润疆书画展展示了作者40幅作品，其中15幅作品被收藏。

后记

　　手绘大运河建筑之旅，于我而言，是一次深刻的文化体验与艺术探索。笔触间，我仿佛穿越时空，与千年古运河共舞，感受着它独特的韵味与风情。

　　大运河，这条承载着中华民族历史与文化的河流，其沿岸建筑更是别具一格。我用心描绘着每一座古桥、每一片瓦檐，试图将它们的沧桑与美丽定格在画纸之上。每一笔、每一画，都融入了我对这片土地深深的热爱与敬意。

　　此次手绘之旅，让我更加深入地了解了大运河的历史与文化，也让我对绘画艺术有了更深刻的认识。我深知，绘画不仅仅是技法的展现，更是情感的流露与思想的表达。

　　回首这段旅程，我感慨万分。愿我的画作能够成为传递大运河文化的使者，让更多的人了解并爱上这片美丽的土地。

　　我期待在未来的日子里，能够继续用手中的画笔，描绘出更多美好的大运河文化。

陈国锋

2024 年 5 月

中国大运河博物馆

图书在版编目（CIP）数据

大运河畔：传统建筑手绘. 江苏卷 / 陈国锋著.

北京：中国商务出版社，2024. 6. — ISBN 978-7-5103-

5195-2

Ⅰ. K928.42; TU-87

中国国家版本馆 CIP 数据核字第 2024LN1250 号

大运河畔：传统建筑手绘（江苏卷）

陈国锋 著

出　　版：中国商务出版社

地　　址：北京市东城区安定门外大街东后巷 28 号　邮编：　100710

网　　址：http://www.cctpress.com

联系电话：010-64515150（发行部）　　010-64212247（总编室）

　　　　　010-64269744（商务事业部）　010-64248236（印制部）

印　　刷：廊坊市蓝海德彩印有限公司

开　　本：889 毫米 ×1194 毫米　1/16

印　　张：9.5　　　　　　　　　　字　数：52 千字

版　　次：2024 年 6 月第 1 版　　　印　次：2024 年 6 月第 1 次印刷

书　　号：ISBN 978-7-5103-5195-2

定　　价：128.00 元